Und numol a frängisch

AF189209

In Erinnerung an meinen lieben Sohn,
der immer in meinem Herzen bleiben wird.

Für meinen treusorgenden Mann,
meine liebe Tochter mit Schwiegersohn
und meinen Enkeln, die mir alle
immer zur Seite stehen und viel Freude bereiten.

Und numol a frängisch

Di zweidn frängischn Gedichdli
von Maya Kandlbinder

Titelbild mit freundlicher Genehmigung nach
einem Aquarell von Friedrich Grauf.

Herstellung und Verlag: BoD - Books on Demand,
Norderstedt
info@bod.de

ISBN: 978-3-7460-1665-8

Inhalt

Vorwort

Liebe Leserinnen und Leser,

leider hat es etwas länger gedauert,
bis Sie dieses Büchlein nun in den Händen halten können.

In Folge höherer Gewalt ist mir leider meine Muse ein paar
 Jahre abhanden gekommen.
Aber nun habe ich sie endlich wieder gefunden.
Ich bin sehr glücklich und dankbar dafür.

Jetzt hoffe ich für Sie, dass sich das Warten auch gelohnt hat.

Ich wünsche Ihnen jetzt viel Spaß
beim Lesen meiner fränkischen Gedichte
und verbleibe mit einem freundlichen „adee"!

Ihre Maya

A alds Kannabee

Schau des alde Kannabee
is fei wergli nemmer schee!
Des schdell mer do ins Egg,
dann is edz erschd mol weg.

Bloß des alde Kannabee
konn des gorned su verschdeh.
Obber do wor ja nu der Hund
und des wor edza sei Schdund!

Schnell hubfder aff des Kannabee
und will gornemmer rundergeh.
Edz brauchd des alde Kannabee
nemmer su allaa rumschdee!
-Is des ned schee?

A boor Wünschli

Eichendli meecherdi scho amol widder:
Einfach su aff an Baam naufgraxln
und a weng gambern mid di Haxn
und a weng ziddern deffn bo am Gwidder!

Außerdem mecherdi aanu gern:
Umananderschduddern in di Heggn,
Feddern und leera Schneggnhäusli enddeggn.
Dann wäri di Heggnkönichin mid Schdern!

Und suwos däd mer anu daung:
Mid ausbradda Arm in Wind endgeenglaafn,
affn Flohmargd arch vill scheena Sachn kaafn,
wall i konn immer alles braung!

Wenni scho beim Wünschn bin:
A grooßa wiesn mid vill bunda Bluma
und a Haufn Biena solln drin summa.
Ja, dernoch schdedd mer der Sinn!

Aweng zaubern sollerdi kenna.
Blos a ganz glaans bissla!
Manche griecherdn a rosa Kissla
und manche misserdn ganz weid renna!

A Dadderbudzn-Gschichdla

Der Dadderbudzn schdedd im Schdobblfeld,
er zidderd gscheid ba dera Käld!
Si hämmern einfach su vergessn
und des nu ganz ohne Essn!

Edz schdedder in seim Elend do
und is seines Leems ned froh.
Aff amol kumma Leid schbazierd,
si sehng glei, daßn ganz arch frierd.
Der Dadderbudzn dudna leid,
drum nemmersn mid ham, di Leid,

Underm Vurdächla schdedder edz drauß,
dud obachdgeem af Hof und Haus.
An warma Mandl hämmsn geem.
Edz freidn widder gscheid sei Leem.

Und nächsds Johr deffer affn Baam.
Ach, des wor scho lang sei Draam!
Wenn di Kärschn zeidi wern
Kommern leise lachn härn.

A guuder Vursadz

Edz is des Johr a widder vobei,
mei Bauch nu digg, mei Greiz auwei!
Also heier du i richdi donna,
des hobber mer ganz fesd vurgnumma.

Drumm binni in a Fidneßschdudio nei,
allmächd, di Leid homm all scho Musgln fei!
- Und edz ie!
Des schaff ie nie!
Sofodd is a wichdicher Dräner kumma
und had mi zu aner Folderbang midgnumma.
Also dee Geräde und iech
bedeid ka Freinschafd, sondern Griech!

Drodzdem hobbi mi bloochd und gschundn
und aff aamol wor mei Arm eibundn.
„Sehnascheidnendzündung" had der Dogder gsochd.
Wohrscheinli hobber mi verkehrdrum bloochd!
Angebli hobber mi rechd bleed gschdelld,
obber i glaab, de homm exdra ihr Maschina verschdelld!

Aff jedn Fall geh ie do nemmer hie,
ie mach mi doch ned mid Fleiß nu hie!
Edz droochi hald mein „Reddungsring"
und sooch des is a wichdis Ding.
Den brauch i um mei Nervn rumm,
als Schudz su fir außndrummrumm.

Es kummd ja ball widder a nächsds Johr,
do nemmer mer dann wos Gscheiders vor!

A Rafferds

A Rafferds hads gehm,im Dorf drund beim Werd.
Ehm a gscheids, grod su wie sis gherd!
Kerwa wor,a Bier hemmer drungn
und „Herr Ibermud" had gräfdi gwungn.
Do had a Word es ander gehm,
hald grod su wies is im Lebm.
Gschebberd hads und laud wors gscheid,
su song wenigsdns di Leid.
Vom Dorf di ganze Männerweld,
wor gwies derbei, fasd grod wie bschdelld.

Sugor di Bolizei is kumma
und had di Delinquendn a glei gfunna.
Obber wall nix schlimmers is bassierd,
hämms bloß a weng wos aufnodierd.
Und des wor fei scho furchdbor schwer:
Wall a bsuffns Hirn gibd ned vill her!
Die Bolizisdn worn geduldi,
es wor ja schließli „niemand" schuldi!!

Alle hämms gornix gwieß gwissd
und kaaner had wos groß vermissd.
Di Bolizei is ball wider ganga,
es wor ja eh nix oozufanga.
An großn Schodn hads ned gehm,
bloß außnrum des Gwerch hald ehm!

Dernoch hads gehm vill Diskussiona,
inclusive „Illusiona":
wer gecher wen und wer had gwunna,
had mer im Dorf umanandergschbunna.
Voller schdolz had jeder zeichd sei blaua Fleggn
und Beuln worn a ganz vill zu enddeggn!
Ach, des Rafferds wor mol wider schee!
(Alle braung des ned verschdee.)

Abreiskalenderla

Dooch fir Dooch derf ich a Bläddla abreisn
und mei Kalender dud mir dann beweißn:
Des Gesdern is vorbei,
der heidi Dooch is nei!

Kalenderbläddlersschbrichli senn bekannd,
und Kochrezebdli su vom Land.
Und Bauernregln su vom Wedder,
wies wergli werd, des sichd mer schbäder.

Bloß, mei Kalender werd immer dünner!
Und des werd fei immer schlimmer.
I glaab der had die Schwindsuchd griechd!
Schbäder had die Grangerd gsiechd.

Edz hängd er naggerd an der Wänd.
Ach wenn i ihm ner helfn kännd!
Leider is do nix zu machen,
der nei Kalender dud scho lachn.

Sei Bläddli gibder mer gern her.
Do hads die Schwindsuchd gorned schwer.
Su brauchi ofd an neia Kalender.
„Kalenderschbrichlers- Verschwender!

Und des bassierd fei alle Johr!
Ganz gwieß is wohr!

Alle Johr

Der Amslvadder singd affn Baam sei Lied,
i schau ausn Fensder und bin nu rechd mied.
Ende März um sechsa in der Frieh
bini hald scho nu a weng hie!

Edz brauchi erschd mol an gscheidn Kaffee,
dann schaui grod, ob der Dooch werd schee.
Wenn di Sunna su schee zum Fensder reischeind
Und di Vecheli zwidschern, dass ner su hulleind,
wern di Sorng all a weng glenner
und der Dooch doch glei vill schenner!

Heid namidooch hoggi mi in di Sunna naus,
wall di andern Leid genna a assn Haus.
Es Friehjohr is kumma,
had in Schnee wechgnumma,
had die Bluma uns broochd
und in Winder verjoochd!

Ja, affn Frühling do konnsdi verlassn!
Du konnsdn zwor ned richdi fassn,
obber er kummd gwieß alle Johr!
Wergli wohr!

Anschbacher Brodwäschd

Anschbacher Brodwäschd senn a Gedichd!
Anschbacher Brodwäschd su als Gerichd
schee broodn mid an Sauergraud:
Ner grod, dass an ned umhaud!

Anschbacher Brodwäschd, de senn Schbidze!
Su als Ghägg und a weng Würze
zu am frischn Bauernbrod:
Ja, des machd di Baggn rood!

Anschbacher Brodwäschd senn a Wuchd!
Wemmers als „Blaua Zibfl" versuchd,
mid Zwiebln in an guudn Sud:
Do schmeggns fei grod exdra gud!

Anschbacher Brodwäschd, di hämm Glasse!
Des is a ganz besondra Masse,
wenns frisch bam Medzger vur dir leeng :
Einfach guuda Brodwäschd ehm!

Heimad und Brodwäschd ghern immer zam.
Wus Anschbacher Brodwäschd gibd bin i derham!

Bablig-Fjuing

Fußballschbilln des is a Wuchd!
Fußball schaua is a Suchd!

„Bablig-Fjuing" haßd des Zauberword!
Des senn su ganz beschdimmde Ord,
wu indressierde Leid higenna,
die vom Fußballn wos verschdenna.

Ob imWerdshaus, draußn odder in der Halln:
Des Bablig-Fjuing dud an jedn gfalln!
Do is a großer Bildschirm aufbaud,
dann werd midanander des Schbill ugschaud.
Midnander blärrd, midnander gfreid.
Einfach schbidze, song di Leid!

Bablig- Fjuing des is inn,
Do had jeder sein Gewinn.
Ob groß,ob glaa, ob Moo, obFraa.
So einfach konn di Weld ofd sa!

Barcelona- Oma

Heid bsuung mer unser Oma
in jhrn Haus in Barcelona.
Sie had ihr ganzes Geld zamgraffd
si dervo glei a scheens Heisla kaffd.
Und wall mer heid grod do
schau mer unser Erbschafd oo!
Wall su a Heisla in der Wärm,
däd uns grod daung zum erm.

Schbäder dann, su irgendwann
kumma unser Erbn zam.
Bedrachdn si des scheene Heisla,
schaua noch grod wi a Meisla.
Finden a des Heisla schee.
Mir kenna des scho gud verschdee.
Wall su a Heisla in der Wärm
wär grod geddli su zum erm.

Di Zeid vergedd su Johr fir Johr,
des Gschichdla is allerwall nu wohr!
Vo di Erbm vo dera Oma
mid ihrn Haus in Barcelona.

Blädderwaadn

Roda, brauna, gelba Blädder
und derzu nu a scheens Wedder,
reifes Obsd derf mer si fassn:
Ja, su kommer in Herbsd scho lassn!

Wenn di Blädder falln vo di Baam,
erfülli mer manchmol an scheena Draam.
„Blädderwaadn" du i do!
Zum Abschaldn, ganz eifach so.

Umananderschdiefln, di Farm ooschaua
dui mi an der Nadur erbaua.
Di Laubbläser wern haamli affn Mond naufgschossn,
do kenners dann vur si hie verroddn!

Fern Igl kommer glaana Heifli machen,
aus Schdeggeli, Blädder und sedda Sachn.
Und zum mulchn kommer des Laab a braung,
des dud der Nadur fei grod rechd daung.
Zledzd du i di schensdn Blädder nu bressn,
dann hobbi widder wos zum Vergessn!

Wenns im Herbsd a manchmol dreggerd,
er mold doch su schee bund und scheggerd!
Ja, ob di Großn oder di Glensdn:
Des „Blädderwaadn" is am allerschensdn!

Boggsbeidl und Seidli

A gudes Bier und Frangn,
des is a aanzicher Gedangn.
Ja, braua, ja des kenna mir,
a echdiches würziches Bier!

Hinnerwidder mol a Seidla,
des schmeggd gud und mer werd gscheider.
Hald ehm mol su grod zum genießn,
wie mir Frangn alle wissen.

Genießn, des gild a fir unsern Wein,
a guuder Schobbn schmeggd scho fein.
Unser Boggsbeidl kennd mer ieberol.
Ja unser Winzer senn scho doll!

Ach, schwärma kennd i als su zu!
Obber edz gibb i amol a Ruh,
Ziech mi in a Eggla zrigg,
und draam derbei vom glanna Gligg.

Dring a weng an edlen Drobfm,
seis aus Draubm oder Hobfm.
Do deng i dann a bissla nooch:
Einfach Frangn, gor ka Frooch!

Brodwäschd und a Kuung

Wenn di Außerirdischn uns bsuung,
baggi immer an guudn Kuung.
Dann dui vill Rosina nei
und sooch des muß einfach su sei!

Di Älliens schmegg nemli der Kuung,
si denna öfders uns fei bsuung.
Dernoch fliengs hamm zu ihrn Blanedn,
derbei a Schdiggla Kuung fir jedn.

Obber hobbi amol gor kann Kuung,
wenn di Älliens uns bsuung,
mei Lieber, dann is weidnei bääs!
Wall di Älliens, di meeng kann Käs!

Dann lassi na Brodwäschd mol versuung,
de schmeggn anderschd wie a Kuung.
Arch gsund, würzich und bikand.
Di Außerirdischn wors unbekannd.

Seidem, wenn Älliens uns bsuung
wollns immer Brodwäschd und an Kuung!
Fliengs dann ham zu ihrn Blanedn
bloß mid Broodwäschd und Kuung fir jedn.

Froochd si edz, wie gedd des weider?
Also ohne Brood wäschd und Kuung bin i a nid gscheider!

Der falsche Weihnachdsmann

Wissd ihr wos neili bassierd is?
I sochs eich edz amol, fei gwieß:

Neili hemms an Weihnachdsmann verhafd!
Wall der hads dadsächli gschaffd
und is glammheimlich, schdill und leis
su aff di reiberische Weis
einfach eibrochn in a Haus
und ganz schnell mid der Beude raus!

Wies der Zufall grod su will
worn zwa Bolizisdn grod aff Badruill:
A Weihnachdsmann und renne?
Oha Hirn, do muß wos „brenna"!

Di zwa Bolizistn hom des gsehng,
mußdn gorned ieberleng
und senn denn Reiber hindnnoch!
Mid eichendli gor kanner Blooch
hommsn gfangd ganz schnell
hind bom Hausegg an der Schdell.

Edz hoggd er hinder Gidder
wos fir di Kinder gorned bidder!
Wall a Weihnachdsmann und glaua?
Do däds fir di Kinder schlechd ausschaua!

A Weihnachdsmann soll doch wos bringa
wenn di Kinder rechd schee singa!
Edz soller im Knasd mid seim Kosdüm
fleißi an seiner Besserung ühm!
Hoffendli begengd amol kann
a su a falscher Weihnachdsmann!

So edz wissder wos bassierd,
i muß edz ham, walls grod bressierd!

Der Guggugg

Der Guggugg leechd sei Ei
in fremde Nesder nei.
Und dann schlubfd aus denn Gaggela
a ordlis Gugguggswaggela.
Biebsd in Vadder und der Mudder
und griechd a glei a Fudder.

Dann werds grooß und fliechd.
Und wer hadd widder gsiechd?
Der Guggugg !

-    Bloß sedda Gwinner mid Sysdem
senn fir Andera ned su angenehm!

Der Maibaam

A jeds Dorf, des wu wos aff si häld
am erschdn Mai an Maibaam aufschdelld-
Wochn derfur, do geds scho los:
Wos fer an Baam nemmer bloß?

An scheena, mid an langa, groodn Schdamm
Fährd mer dann ind Scheiern ham.
Dann werder hergrichd und glei uugmold,
blau- weiß, odder wies hald ehm su gwolld.

Und wies der Handwerkskunsd gebührt
mid Zunfddaafln sicher reich verzierd!
Odder der Baam had grod a scheena Schbidz,
dann is di Sach genausu gridzd!

An di Zweichli hengd mer doo
scheene bunde Bändli noo.
A großer Granz wird a ofd bundn,
der dud in ganzn Schdamm umrundn.

Bunda Bändli wern hieghängd,
su dass mer fasd an di Advendszeid dengd!
„Idividualidäd", des is des Word,
des gild ehm do fer jedn Ord!

Am erschdn Mai is dann suweid:
In aller Herrgoddsfrieh, beizeid,
wird mid aller Mannesgrafd
der Maibaam in di „sengrechd" gschaffd!

Dee Agdion, dee is gscheid schwer,
doch fer di Boschn is a Ehr!
Si hemmern hergrichd, gmachd und do
und edza senns scho richdi froh.

Wenn di Schbidz zon Himml zeichd,
di Schbannung vo di Menschn weichd.
Dann wird gfeierd, danzd und gsunga
und ringsum ummern Maibaam gschbrunga.

Des ganze Dorf is aff di Baa:
Es wor immer su, des soll su saa!
Und nächsdes Johr am erschdn Mai
senns alle widder ganz derbei!

Di Bäbbm

Wohrscheinli kummds vom falschn Küssn
und edz mußis widder biessn.
Edz hobbi a moddsdrumm Bäbbm
aff meiner glanna lieblichn Schläbbl!

Aufbassn muß i a bamm Essn
und es küssn konni gladd vergessn.
Also su a Bäbbm dud fei scho wäh!
Des is gemein und gorned schee.

Mei Goschn aufreißn konn i a ned richdi,
grod edza wär des furchdbor wichdi!
Walls umananderfrodzln wi ned gscheid
und keinem Menschn du i leid!

I glaab i schdeggs a bissla uu,
dann hämms a a Bäbbm an der Schläbbl druu!
Ober nächsdes Mool bass i besser auf,
do konnsd fei scho Gifd nemma drauf!

Di Blooch mid di Zeeh

So, edz is mei Baggn gschwolln
und i konn gor ned in Dogder holln!
Wall der Dogder, der had Schuld,
drum über mi hald in Geduld.

Omm und und a Zoh
rausgrissn, aafach so!
Der Zahnarzd had nemli zu mer gsochd,
de Zeeh, de machn nu a Blooch,
de denna wäh und missn raus !
Allmächd, des is fei scho a Graus!

Noja, de Schmerzn senn edz ned su schlimm,
do helfn Dableddn immerhin.
Obber edz konni nix mehr essn!
Drei Dooch konnsd mi gladd vergessn.
Also "Hunger is schlimmer wie Hammwäh",
des konni edz ganz gwies verschdeh!

Obber mach der ner um mi ka Sorng,
i ess hald widder iebermorng.
Desmol kummi numol dervu,
der Dogder sochd des is hald su.
Derfier griechi noglneia Zeeh
und de denn a gor nemmer Wäh.

Bloß umasunsd griech i de fei ned!
Glabbsd, mid de Zeeh, do hasd die Gfredd!

Di Männer

Ja, do senn alle Frauen froh,
hämms derham an gudn Moo!
Des gleiche gild a fer ann Hausfreind,
wenner hämmerd, schraubd und leimd.

Di Kinner ins Bedd-, oder inn Müll naus bringa
und derbei nu lusdi singa.
Er hilfd sugor im Haushald mid:
Ja sua Moo, der is der Hidd!
Wenner dann anu sexx is,
dann demmern b`haldn, des is gwieß!

Obber obachdgeemund ned vill derzilln.
Di Kongurenz dud ned bloß sbilln!
Unser besds Goldschdiggla, unsern Held
gehm mier ned her,
ned um alles in der Weld!

Di Muggn

Gesdern frieh hobbi wagger fünf Muggn derschloong,
glabsd, des is fei nemmer zum dersoong!
Des „dabfere Schneiderla" is a Dreeg dergeng.
Su Muggerviecher bleim mer ned am Lehm.

Obber des Besde kummd erschd nu!
Wennsd maansd, du hasd dann die Ruh,
kumma glei –zich Muggn zur Beerdichung
und flieng wi nerrerd in der Wohnung rum!

Edz hobbi desweng a Exembl schdaduierd
und hald amol wos ausbrobierd:
Aff di Kicherdier hobbi a Verbodsschild hiebabbd,
schee groß, dass des aa glabbd.
Seidem kummd mer ka Kuggn mehr rei,
des sollerd a ihr ledzds Schdindla sei!

Odder lichd des an di neia Muggergidder?
Noja, des wär mer dann a ned zwieder.

Di wichdiche Dauscherei

Sodala edz is suweid!
Osdersunndoch und es schneid!
Inn Osderhosn frierds inn Bobbers,
drumm machder a su große Hobbers.

Er mecherd ja hald su gern mauschln
und midn Weihnachdsmann mol dauschn.
Fasd jeds Johr is an Weihnachdn gree
und an Osdern hads an Schnee!

Wär des ned amol zum ausbrobiern?
Dann däds in Osderhosn ned su friern.
Er wär beschdimmd a guder Weihnachdshos.
Mid sein Schubkarrn su im Gros
däder di Geschenke bringa
und a bor Weihnachdslieder singa!

Der Weihnachdsmann breichd nemmer schwidzn,
kännd genausu af sein Schlidn sidzn.
Verdeilerd einfach bunde Eier
fer a scheena Weihnachdsfeier!

Wall wenn des Wedder schbinnd im hächsdn Grod,
däd a su a Dausch fei scho arch Nod!
Des hädd beschdimmd an großn Werd,
Vieleichd mergerd dann es Wedder wie sis gherd!

Die fünfde Jahreszeid

Wenns draußn rengd und schneid,
dann is masdns nemmer weid:
Es kummd di fünfde Jahreszeid,
Wus innadrinn Kombfeddi schneid!

Bo Fasching, Karneval und Fasenachd,
do werd gschungld und werd glachd.
Di Maschgerli senn eine Brachd,
mer had si arch vill Mieh mid gmachd.

Deifeli, Engeli Dämchen und Scheicher
danzn lusdi zu Schmidchen Schleicher.
Wall an Fasching, do senn alle gleicher
und kanner schaud mehr aff di Zeicher.

Aff amol is der Fasching rumm,
gor is mid Drommln und grawumm.
Verschdullerds drähd mer in Geldbeidl rumm
und, ja und dann schaud mer a wenig dumm!

Es Bargbladzsuung

Du i su ahnungslos an Bargbladz suung,
muß i scho widder schendn und fluung!
Wenn si a su a indelligender Masder
greizweis hieschdelld aff des Bflasder.
Ob des edz a Er is odder a Sie:
Asuu kobberneggisch schdelld mer si ned hie!

Also der Bladz, der wor fei dengd fer zwaa
und ned einfach fir an allaa!
Hadd der woll zwaa Bargblädz bachd,
bloß kanner hadd a Schild hiegmachd?

Schdingerd suuch ie hald dann weider.
Noja, sedda Leid wern aa nie gscheider.
Obber wenn i a mol an derwisch derbei,
der wass ball wu der Bardl in Mosd holld, fei!

Einfach su zwaa Bargblädz braung,
des däd denna scho su daung!
Glabbsdes!

Es Haislabaua

Willsd amol a Haisla baua,
Do brauchsd fei scho a Goddverdraua!
Wall Erberd, Schuldn und vill Schdress
Senn fir di Nervn ned des besd.

Du mußd rumsinniern und dischgeriern
und scho arch vill dermanndermiern!
Bis der Rohbau richdi schdedd,
der Urlaub vill zu schnell vergedd!

Dann schdelln di Zimmerer in Dachschduhl auf.
Dernooch dusd aff di Schbidz a Baamla drauf,
schmiggsds mid Diechl rood und blau,
dass des Baamla werd di Schau!

Und dann sechd der Zimmermoo
vom Dachschduhl dromm sein Richdschbruch roo.
Arbeider und Nachbern senn eigloodn
Zum Dringn und an guudn Broodn.

Wall a Hausbau ohne „Aufrichdschmaus",
des is fei scho a rechder Graus!
Dann dengsder haamli: Goddseidang
is nix bassied und kaaner grang.

Bloß bis des Haisla ferdi is,
brauchsd no vill Zeid und des is gwieß.
Endli is do, di „Eiziecherei"
und alle snn mid Freid derbei!

Wos di Leid edz wissen solln:
A „Hausbesidzer" is geborn!

33

Es Schbeguliereisnsuung

Gmiedli hoggd mer su banander,
aff amol gibds a Durchanander.
Aaner schwengd a Dogumend,
ja, wemmer des edz lesn kännd !

Auf di Blädze, ferdich, los!
Wo is des Schbeguliereisn bloß?
Auf Kommando gschdudderd und gsuchd,
und haamli leis a bissla gfluchd.

Der Siecher hebd sei Brilln ind Häh
Und deff als erschder des verschdeh,
leesn, wos affn Zeddl schdedd.
Walls ohne Brilln hald nemmer gedd!

Der Zeddl machd su langsam di Rundn,
bis jeder had sei Brilln ehm gfundn.
Dann wird di Brilln widder verraamd,
und vo alda Zeidn draamd.

Zmol gibds widder su an Schregg!
Ebber had a Bild endeggd!
Des Kommando kennd mer scho.
Di Brilln is aweng schneller do!

A Gscheider fuchdld mid sein Bhälder:
Ja, ja mir wern hald alle älder!

Faschingsbrobleme

Lusdich, lusdich, dralalo,
so edz is der Fasching do!
Allmächd, wie gedd di Zeid bloß rum?
Vo lauder foddgeh wersd ganz dumm.

Mid denn Humba, humba, dädäräd
werd mer manchmol ganz schee bläd.
Der Orsch dud uns vom Hoggn wäh,
des ville Danzn konn an vergeh.
Also, a weng danzn demmer scho ganz gern,
sulang, bis si di Gnochn beschwern.
Sunsd amol hämmer danzd wi der Lumb am Schdeggn,
edz missmer si hald nach der Deggn schdreggn.

Noja, su is hald des ehm mid dera Woor,
obber es Vergnieng is desweng nu lang nunni gor.
Kummerdn Samsdooch is Schbordlerball,
do gemmer hie, aff jedn Fall!
Der Feierwehrball is di Wuchn drauf,
doddsei is do Bflichd und Brauch.
Kabbmohmderer häld a jeder Werd,
wie sis an Fasching hald su gherd.
Su geds zu, Wochn fer Wochn
und an Fasching wird des nie underbrochn!

Manchmol wär a Ausrednbuch fei scho ganz rechd,
wall am nächsdn Frieh is an immer su schlechd!
Langsam kummer am Zohfleisch derher,
des Faschingfeiern wird immer schwerer.

Endli is der Aschermiddwoch do
und ircherdwie semmer doch ganz schee froh.
Edz hemmer widder a Johr unser Ruh,
obber nächsdn Fasching gedds widder su zu!

Faschingsgrabfn

A Fasching ohne Gragfn
is wi a Danna ohne Zabfn,
is wi a Förschder ohne Hud,
wall su a Grabfn der is gud!
Der feine Heferdaach schee logger,
horch, do hauds di gladd vom Hogger!
Und innadrin is rod und sieß,
es Hiffnmarg, ja des is gwieß.

Der erschde Biss: Ein Hochgenuß,
do vergissd mer jedn Frusd!
Dud Buderzugger an der Nosn babbn
und Hiffnmarg an Mund und Baggn,
des machd gornix, des ghärd si su,
des wor einfach scho immer su !
Do brauchd mer ieberhaubd nix soong,
des ghärd bo uns zur Dradidion.

Der frängische Grabfn, des Original
is ganz gwieß di erschde Wahl!

Faschingsvergnieng

Humba, humba dädärää,
ja der Fasching der is schee!
Di fünfde Jahreszeid is do
und alle Leid senn furchdbor froh.

Si denna gwissnhafd wi nersch,
a wenn sis derbei ganz arch derschd.
Manche schbilln do fei veriggd
und senn dann geisdich voll endrüggd!
Am Dooch drauf wissns gor nix mehr.
Ach, di Faschingszeid is schwer!

Und mir Frangn? Wos soll i sonog?
Uns konn der Fasching ned su bloong.
Haubdsach is, dass mer wos seeng
und derbei wollmers gscheid bequem.
Beim Frangnfasching im driddn Brogramm,
do bleimer scho ganz gern derhamm.
„Veidshöchheim" demmer uns uschaua,
do kemmer si su schee derbaua!

A Seidla und a Veschberla,
do soong mir Frangn gorned naa.
Des langd, des bassd, is hauferds gnuuch!
Hächsdns nu an Wein vom Gruuch.
Su is

Fieß und Baa

Also edz mußi amol ball zum Dogder geh,
wall mir denna nemli mei Fieß su wäh.
Di ganzn Fieß vo omm bis und
und a nu fei rundumerdumm!

Su hobbis a inn Dogder gsochd.
Der had mi dann ganz seldsam gfroochd,
di Fieß, de senn doch immer drund
und ned vo omm bis und?

Edz hobbi in Dogder aufglärn missn,
wall vo uns Frangn muß mer wissen:
Ba uns genna bis ganz nauf di Fieß,
bis zum Bobbers, des is gwies!

Bloß di Maadli, de hämm Baa,
masdns scheena und glei zwaa!

Frängische Osderbrunna

Am Brunna vor dem Door
do wor der Osderhoos.
Had gwaggld mid sein Ohr
und fodd worer im Groos!

Inn Brunna hadder gschmüggd,
mid Gaggeli schee bund.
Dervuur no Schdigg fir Schdigg
ausbloosn midn Mund!

An dera Gschichd do schdimmd wos ned,
des hasd beschdimmd ausganga!
Di Frauen worns, hemm gmold umd Wedd,
vur Wuchn scho uugfanga.

Di Gaggeli aufgfäddld aff a scheenes Band
und wie Girlandn gschlunga.
Ned blooß umern Brunnarand,
glei iebern ganzn Brunna!

A weng a Greezeich nu derzu,
der Osderbrunna- eine Brachd!
Ja mir Frangn gehm ka Ruh,
bis unser Herzla lachd!

Frangn- Gedangn

Frangn, mein Frangn!
Das Land der Gedangn,
de rDichder und Denger.
Der Hirnkäsdlers- Verrenger!

Mir lachn in Gedangn,
mir greina in Gedangn.
Do hämm ehm mir Frangn
einfach unser Schrangn!

Wenn ebber wos will
sei erschd amol schdill
und ned so bequem,
soll erschd ieberleng
bevor er wos redd!
Wall sunsd gibds a gfredd!

Dann kommer uns hoom,
dann demmer wos soong.
Dann is erschd schee in Frangn
mid ohne di Schrangn
su in Gedangn!

Frangn- Baradies

Vom frängischn Essn hob i scho vill gschriem.
Wos is edz woll no ieberbliem?

Es Scheifela und es gude Bier!
Ach, mir Frankn kenna hald nix derfier:
Wos mer machen, machmer gscheid!
Wall unser Bier is in der ganzn Weld verbreid!

Zu ann süffin Seidla oder anner Moß
gherd a brodns Scheifela mid guder Soß
und a boor roha Gläs derzu.
Dernoch dann unser frängische Ruh!

Ja des is unser glaans Baradies.
Ganz gwieß!

Frangngrimi

Allawall schreims Frangngrimmi
in Under-, Ober-,Middlfangn.
Und solche schbannenden Gedangen
senn ned bloß für di Mimi.

Wall di Gschichdn Schbidze senn
had mer glei an Film draus gmachd.
Des wär dann obber aa woll glachd,
wemmer des ned a nu kennd!

Do schleichd der Mörder durch di Gässli.
Der Kommisar had scho di Schbur
und bleibd wi immer schdur.
Wall unser Bolizei, di is verlässli!

Ja, su is hald unser exdra Fandasie.
Do kemmer gornix machen.
Do lassmers einfach grachn!
Und wie!

Frühlingsgfiehl

Es scheind di Sunna, Frühling werds.
Ja, do freidsi widder unser Herz,
wenn Bluma und di Liebe schbrießn.
Bloß, mer muß hald äfder gießn.

Bei di Bluma is ned schwer,
do nemmd mer hald es Gieserla her.
Obber ba dera ganzn junga Lieb
mid denne su embfindlin Drieb,
mein Lieber, do mußd obachdgehm!
Wall sunsd, sunsd konnsd fei wos derlehm.

Gießders zarch, dersaufderder,
gießders zweng, verderrderder.
Obber di Junga, de senn gscheid
und wissn masdns gud Bescheid.

Wenns su im Barg am Bängla hoggn
mid ihre kunderbundn Soggn.
Denna gnudschn und bussiern
und si vor nix und nämernd schiniern!

Also ie konn des fei gud verschdeh,
sowos is doch einfach schee!
Der Frühling und di Jugend genna rum
und wer schaud dann masdns dumm:
Mir!

Desweng hilfd bloß Drigg siebzeh, fei wohr!
Do fühld mer si wi achdze-dreivertdl sugoor.
Brauchsd bloß a boor Ablecher do in dei Herz,
dann hasds a schbäder nu: Frühling werds!

Giegerlehm

Grähd der Gieger su als Gogglhahn
laafn alle Henna zan,
rennern glei schnell hindn nooch.
Als Gogglhahn hadder sei Blooch!

Drumm grähder lieber su als Gieger,
alle Dooch und immer widder.
Biser nemmer konn,
wall dann iser gschdorm! (-worn?)

Dergeng der Gieger aff der Kerchdurmschbidz,
der waas gorned wos gräha is,
wall der is aus Blech
und do grähd sis schlechd!
Derfief deffer länger lehm,
su is des ehm!

Gwidderhaagl

Horchmol, wor bei eich neili a a seds Gwidder?
Hoffendli kummd a su a archs ned su schnell widder!
Ghaagld hads,ghaagld, ganz ferchderli!
Do maansd scho glei alles werd hie.
Haaglkörner, wagger su groß wi Gaggeli!
Du, do färchdn si ned bloß di Waggeli!

Dernoch hemmer schichdern zur Hausdier nausgschaud
und dann fasd unsere Aung nemmer draud!
Unser Audo, ummerdumm mid Duulaggn voll!
Na, suwos is fei nemmer doll.

Noja, des hämmer dann glei fodografierd,
wassd, dass des ehm genau dogumendierd.
Der Versicherung hemmers dann gmeld,
obber dee hemm ja a immer ka Geld.

Edz bass fei auf, dass der ned a su gedd,
wenn dei Audo amol draußn schdedd.
Wall, wenn's grod amol haagln dud,
dann is fei schnell a wos kabudd!
Wassd!

Händy- Suchd

A su a Händy is fei scho schee!
Wall, sichd mer di Leid aff der Schdraß su geh,
had masdns jeder dridde a Händy am Ohr
und außerdem nu ans in der Daschn sugor.

Es wird ofd a gschdreichld und umananderdädschld!
A su a Händy werd scho gschheid verhädschld!
Mer sochd ehm des muß su sei,
sunsd kummd mer ned ins Inderned nei!

Nehmsach worn is es delefoniern.
Simsn und si laufend informiern,
fodografiern und umanander-dscheddn:
mid ohne Händy ghersd zu di Debbn!

Drum werd si nercherds ned schinierd
Und am Händy rumbrobierd,
manchmol glei ganz furchdbor wild.
Allawall gherds scho zum Schdraßerbild.

Grubbnweis schdenna di Junga banander:
A Händy had jeder, aaner wi der ander.
Midn Händy schbilln des is hald in,
do is ehm unheimli vill Schbannung drin!

Wenn a di Dauma glieha und offd nu es Hirn,
wichdi is, di Verbindung ned verliern.
Und suwos ged ofd ieber Schdundn!
Es ie ieberhaubd ned zu ergründn.

Ohne Händy is mer irgendwie naggerd!
Irgendwann werd's mol an di Hend hidaggerd!

Kaffeesuchd

In der Frieh a guuder Kaffee,
ja, su konn der Dooch uugeh!
A frängischa Zeidung no derzu
und a halba Schdund mei Ruh.

Do schdeh ie lieber eher auf,
als dass ie do verzichdn du drauf!
De Rumbressiererei in aller Herrgoddsfrieh,
na, des gwehni gwieß mei Lebbdooch nie!

Gedd mer des amol gorned naus,
dann geh ie ganz schee grandi ausn Haus.
Vielleichd kenna mi a manche Leid verschdee,
es gedd einfach nix ieber ann gudn Kaffee!

Der is nämli mei Lebenselixier,
do konn ie fei gornix derfier!

Kobberbeggischa Kunsd

Ja, ja di Kunsd, di is verhunsd!
Su song ofdmols di Leid,
wallsersi grod reimd.
Obber wos is eichendli Kunsd?

Wemmer Gerädschafdn zammschweißd:
Kobberneggisch grumm,
obber gorned dumm!
Bloß a weng endgleisd.

Wemmer Bilder mold, schee bund:
Kobberneggisch unbasserd,
bungderd odder schdrafferd.
Und doch ircherdwie rund.

Wemmer dichded oder schreibd:
Kobberneggisch lusdi,
drauri odder frusdi.
Und doch irchedwos bleibd.

Ofd is di Kunsd a wunderschee!
Richdi wirglichkeidsnah.
Mer sochd ganz einfach „ja"
und konn alles verschdee!

Also wos is alles a Kunsd?
Wenn ebber wos ganz bsonders konn,
manchmol sogor mid ohne Lohn!
Aff kann Fall is di Kunsd verhunsd:
Es is hald einfach Kunsd!

Maibaamglaua

Heier hämms unsern Maibaam glaud!
Do hämmer vileichd debberd gschaud!
Obwolls aufbassd hämm wi di Hefdlersmacher,
ghärd hämms ieberhaubd kann Gracher.

Vielleichd had doch ebber a glaans Niggerla gmachd,
und di andern hämm si ins Feisdla glachd!

Im Nachberdorf in Maibaam ghold,
mid Zähngnirschn di Zechn zohld.
Bei vill Bier und Brodzeid worns dann derbei,
und unser Maibaam wor widder frei!

Edz schdedder do in seiner Brachd,
dass sugoor di Sunna lachd!
Schee roodweiß mid Girlandn, Gränz und Bändeli,
ja, do schaud fei scho a jeder hie.

Also unser Maibaam is einfach der schensd
und fei ieberhaubd gorned der glennsd.
Beschdimmd is unser Maibaam ganz schbeziell,
sunsd wärer ja ned glaud worn, gell?!

Maibudz

Endli is der Frühling do!
Wos semmer do edz alle froh.
In Gardn richdn, umananderraama
und kann Sunnaschdrahl versaama.

Der Friehjohrsbudz schdedd a ins Haus.
Fir di Männer masd a Graus!
Vill ergreifn do di Fluchd
und fröhna ihrer Lieblingssuchd.

Obber wenn alles blingd und blidzd,
es Greezeich aus der Erdn schbidzd,
wenn draus und drinna alles bassd,
dann gfällds an jedn, wassd!

Wall wenns widder hell und nei,
dann wissn alle, edz is Mai!

„Mischsalad"

Frühling, Sommer Herbsd und Winder,
eichendli schdeichd mer nie derhinder
wos es Lehm häld su barad!
Wieso und worum edz agrad?

Scheena Woor nemmd mer gern u.
Bom Gengdeil do hasds Augn zu
und durch den Misd,
wenn der Hals a dreggerd isd!

Frooch ned worum, ned nachn Sinn,
wall a Andword die is eh ned drin.
Umananderdreha konnsd vergessn:
Besser kaua und dann essn!

„Es kütt wies kütt", es kummd wies kummd,
wenn ofdmols a der Scheedl brummd!

Frühling, Sommer, Herbsd und Winder,
niemolsnichd schdeichd mer derhinder
wos es Lehm häld su barad:
Auf jedn Fall ann Mischsalad!

Nordig woging

Also des mid denna Schdeggn ohne Schie,
des is doch wi a Subbn ohne Brieh.
Wie a Wöschdla ohne Sembfd,
bloß lauder, ned su dämbfd!

Nordig woging dud mers nenna,
wenn's su mid ohne Schie rumrenna.
Ich maan, des dig-dag oder dag-dig
gibbd di Leid denn richdin Kigg.

Nordig woging, des is schbordli,
ie finds manchmol scho ganz ordli.
Des schaud aus, wie wenn's ihr Schie suung wollerdn,
und ned deffn kenna sollerdn!
Obber su finna de ihr Schie
wohrscheinli ieberhaubd gornie!
Und mid den dig und mid den dag
haldns bloß di Mais of Drabb.

Obber ie bin na edz kumma afd Schlich!
Des is doch ganz logisch, eichendlich:
Die hämm vo di Schieschbringer ihr Schdeggn griechd,
wall sis ohne su vill besser fliechd!
Des is doch a schbordlia Gerechdichkeid,
suwos muss mer scho derzilln di Leid!

Rebellen

Allmächdna, schau ner amol hie:
Denn hängd ja der Huserorsch bis zu di Gnie!
Wies ner grod su laafn kenna,
geschweige denn, es ged ums renna!

Ja, su laafns hald rum, di Junga Herrn.
Wohrscheinli is des hochmodern!
Di zrissna Dschiens senn edz a in:
Masdns schdeggn Maadli drin.

Die Gnie schaua raus, der Bobbers schbidzd.
Gwieß is, dasß mer su ned schwidzd.
A weng a Hirschgweih derf mer sehng:
Des gild dann woll als ganz verweng!

Obber a di Junga wern mol dumm schaua,
wi si schbäder ihr Kinner afd Schdroß nausdraua!
„Ein dreimal Hoch" der Rebellion!
Jrgendwann driffds jede Generadiom.

Rhabarberfeedn

Ja, der Rhabarber und sei Feedn.
I glab dee nervn jedn!
Schill i su an Rhabarber oo,
hänga allawall su Feedn droo.

Ob des woll sei Nervn senn?
Oh,oh und wenn ?!
Muß i dann a schlechds Gwissn hoom?
I brauch mi sicher a ned loom.

Edz schde i do mid mein Dalend!
Wenn mir grod ebber roodn kennd.
Oogschild hobbin ja edz scho.
     -    so!

I glaab i schigg mi schnell a weng.
Zagg-wumm und schnädderedeng
Schneid i di Schdängl kozz und glaa.
Es muß hald saa!

Baggn werd a guuder Kuung,
di ganz Familie derf versuung.
Begeisderung rundumerdumm!
A su a Kuung schdedd ned lang rum.

A Dangeschön sei dem Rhabarber:
Edz hadder gor ka Nervn mehr
und is drodzdem a feiner Herr!

Rußmuggn

Rußmuggn, ja Rußmuggn,
de denna ned juggn
und denna ned wäh.
Rußmuggn senn grod schee!

Rußmuggn hämm Charm!
Im Gsichd und an di Arm,
do kommers enddeggn
de glanna brauna Fleggn.

Im Friehjohr und im Summer,
do hemms ganz schnell gwunna.
Denna wachsn und schbrießn,
mer brauchds gorned gießn!

Rußmuggn und rooda Hoor,
ja, des is fei wergli wohr,
gherrn immer zam.
Ja des derfd glaam!

Rußmuggn, ja Rußmuggn,
de denna ned juggn
und denna ned wäh.
Rußmuggn senn echdi schee!

Sale

Mir Aldn solln edz englisch lerna,
walls di Junga ja scho kenna!
Drum schdellns fei in und um di Leedn
su „Sale"-Schilder auf fir jedn.

I was gorned wos des bringa soll,
obber scheinbor findns alle doll!
De Schilder, de derschlong an schier,
drumm schreib ie mei Froong edz aff Babier:

Lädd ann edz des zum Kaafm ei,
odder solls amend a Warnung sei?!
 - odder vielleichd gor beides?
Und wer wass des?

Schdingerder Baggschdakäs

Also a frisch Brod mid drauf anner guudn Budder,
des schmegd alle, Vadder wie Mudder.
Obber i hob fei scho lang endeggd,
dass nu wos anders gud derzu schmeggd.

A feiner Baggschdakäs, des is a Schmaus,
schdingd a aweng es ganze Haus!
Bam Auswiggln, do geds sco u
Sche langsam läffd di Familie derzu!

Nach zwaa drei Doch, do läffd der Käs!
Dann schmegds erschd gut, schbäder werds bäs!
Leider bini do masdns allaa,
obber bo di Genieser muß woll so sa!

An „Schdingerkäs" essi ja ned alle Doch,
bloß ehm manchmol, wawwin hald moch.
Obber langd ba anner „Hungersnod",
a guude Budder und a ganz frisch Brod!

Schliednfohrn

Juchee,juchee,
endli hads an Schnee!

Do bagg mer unser Schliedn zamm
und fodd semmer vo dahamm.
Am Ranga dodd senn scho vill Kinner,
hopp kumm, mir wolln doch heid nu hinder!
Di Nachberschafd is a scho do
und all midnander semmer froh:
Di Sunna scheind, di Lufd is glor,
des Schliednfohrn is wunderbor!

Mid Karacho wird in Berch no gwedzd,
auf dass alles ner su fedzd!
Und fliechd mer mol vom Schliedn runder,
rudschd mer hald am Bobbers nunder.
Wall bam Giecher und bam Baucher,
do gidds äfder mol an Schdaucher.

Vurn Finsderwern, do gemmer hamm,
wall di Händ senn a scho glamm.
Rodzi, hungeri und mid rooda Baggn
kemmer es Ohmdessn kaum derwaddn.
Dann demmer si am Uufn gwärma
und bloß vom Schliednfohrn nu schwärma.

Wall, su a Gaudi isfei schee
mid an richdin Bulverschnee!

Schneerama

Schneeschiem, schneeschiem!
Und des is gornit ieberdriem,
wall nix andersch iebribliem
ba su an Haufn Schnee.
Juchee, juchee, juchee!

Schneeschiem hasd anu Schneerama.
Do kommer dann vo Musgln draama!
Bloß mer derf hald ned versaama,
daß mers dann a im Summer machd.
Des wär ja doch woll gelachd!

Wuandersch kennd mer a schneeschoorn.
Machdmer des bloß vor di Doorn
griechd mer anne aff di Ohrn!
Wall bei Gehschdeich, Schdrass und Ieberwech
gherd si a der Schnee nu wech!

Des schnee- raama, - schoorn odder – schiem,
had irchendwann amol jeder driem!
Mid kalde Ohrn und kalde Händ,
ach wemmer den Schnee bloß weghexn kännd!

Schoofmaala

Rabunzl, Rabunzl laß dei Hoor edz roo!
Ich midn Schoofmaala bin widder do.
Bischlweis wächsder edz im Gardn,
du brauchsd ieberhaubd gornemmer wardn.

A Aamerla voll bring i dr mid nauf,
dann machmer an guudn Salod do draus.
Di Zauberin lood mer a derzu ei,
beschdimmd lässds di dann widder frei!

Der Schoofmaala had nämli Zaubergrafd!
Sunsd hädders doch ganz gwieß ned gschaffd,
als ganz glaans Bflänzla ausn Schdobblfeld
in di Kichn aff der ganzn Weld!

Bisd dann frei, sing mer a Lied
und di Zauberi singd a glei mid:
„ Oh Feldsalod, oh Schoofmaala,
ohne di wär mer ganz allaa!"
Mer derf zu jedn guudn Essn
inn Schoofmaala hald ned vergessn!

Sunnaschdrahlndredzer

Wenn di Sunna durch di Wolgn schbidzd,
had der Herrgodd woll es Lichd ognibsd.
Er schiggd di Schdrahln aff di Erd
auf dass widder mol wos werd!

Di Sunnaschdrahln kidzln unser Nosn.
Zerschd demmer bloß aweng su bloosn.
Dann kummd a glanna Exblosion!
A Nieserer, des wors dann schon.

Endli scheind di Sunna widder
und des is uns gorned zwieder!
Maschiern glei an di frische Lufd,
wall uns di Gardnerberd rufd.

Dann ruh mer si am Bängla aus,
reggn in Gimbl in Himml nauf.
Und dann kummd wos kumma muß:
Di Noosn griechd an Himmlskuss!
Es gibbd a glanna Exblosion,
ann Nieserer, mer kennds ja schon.

Wall des di Sunnaschdrahln su gfälld,
gibds des aff der ganzn Weld!

Volldreffer

Ob Hexerschuß, ob Amors Pfaal,
schbiern dusd des aff jedn Fall!

Bam Hexerschuß kummsd nemmer ind Häh
und außerdem duds ganz arch wäh.
Di Schmerzn senn scho ferchderli!
Do gesd gern zum Dogder hie.

Der Dogder kummd glei mid der Schbridzn,
mein Lieber, do kummsd schnell ins Schwidzn.
Dann soll des alles besser sei
mid dera großn Jammerei.

Der Amorpfaal, der dud nid wäh,
im Gengdal, des is fei arch schee!
Noja, du bisd a bissla durchanander
und hasd dein Kobf nid ganz banander.
Molsd ieberol su Herzli nei
und maansd, des muß einfach so sei.

Ungliggseeli werds erschd dann,
wenn di Dreffer kumma zamm!
Grummbuglerd schdesd vur deiner Liebsdn
und kummsd ganz ferchderli ins Schwidzn.
Wasd vur Verlengheid ned wuhie.
Na, den Momend vergissd du nie!

Vulkanausbruch

Soderla, dez is suweid!
Wall der Vulkan sei Aschn schbeid
kenna mir edz nemmer flieng!
Wie soll mer des affd Reiha grieng?

Und wie kumma mir edz widder hamm?
Zledzd mid Busse odder Bahn?
Am Himml derf mer nemmer mooln,
nedamol wemmer vill zohln!
Der blaue Himml is ganz leer.
Allmächd, des is fei scho arch schwer!

Soderla, und ieberhaubd:
Wer had edz dem Vulkan erlaubd,
dass der uns unser Freiheid raubd?!

Aff aamol fängd der oo zum schbuggn
und mir deffn si dann duggn!
Do froochd der gorned ob des gedd,
mir hämm dernoch des ganze Gfredd!

Soderla, edz is bassierd,
dass unseraans amol kabierd,
wer schreibd in ledzdn Schdundnblan?
    -    Der Vulkan!

Weihnachdsbuchschdabiern

Des Word Weihnachden einfach buchschdabiern
mecherdi gern amol brobiern.
Die Buchschdamm su wies hald grod kumma
und dann a Gschichdla drumrum gschbunna:

W: Wardn bis es Christkind kummd,
       wenn manchmol a der Scheedl brummd.
E: Eikaafn amol ohne Gschamml,
     ohneLärm und mords Gebamml!

I: Irgendwann griechd mer an Digg,
    vor lauder Elegdronerigg!
H: Haamli, schdill und mid der Seech
     genna zwa Männer su ihrn Weech.

N: Nächdns im Wald zum Christbaam glaua,
     muß mer aufbassn und arch schaua!
A: Allmächd der Förschder had wos gsehng!
     Ab edzerdla werds unbequem!

C: Chrisdlich fromm und schlechd!
     Ja, suwos is hald gorned rechd!
H: Hindnrum ganz schnell dervulaafn
     und in Chrisdbaam ehrli kaafn.

T: A hards „D" gibbds ned in Frangn!
     Ned amol in di Gedangn.
D: Drombedn schbilln im Blosorchesder,
     konn ganz gud die glanne Schwesder.

E: Edzerla, edz is suweid
     edz kummd di schnelle Weihnachdszeid
N: Nähmli su is alle Johr
     und des is fei wergli wohr!

Zwaa Buchschdoom

Is ba uns amol wos glaa,
Muß hindndru a "i" scho sa.
Zum Beischbill grood su Waggeli,
meeng gern Schogoladngaggeli.

Ofdmols braung mer aa a „a",
Des gild dann fer wos ganz allaa.
Su kommer soong a Häffela,
des brauchd ganz gwieß a Deggela.

Wenn mir wos soong, hald wenn,
braung mir ka „-lein" und a ka „-chen"!
Zwa Buchschdamm bloß, dee langa uns.
Des is hald „reduzierde" Kunsd.

Wall wenn mir di zwa Buchschdoom nemma,
glingd unser Schbrooch doch glei vill schenner!
Fremde schlaggern mid di Ohrn,
wenn's unser Schbrooch su richdi härn.

Melodisch, lusdi, kozz und gnabb:
Wall unser Schbrooch ehm Würze hadd!